AF400229

GANDHI

Le symbole de la non-violence et de l'indépendance indienne

Par Mélanie Mettra

50MINUTES.fr

MOHANDAS KARAMCHAND GANDHI

INTRODUCTION

Gandhi est l'une des figures emblématiques de l'indépendance de l'Inde. Pourtant, rien ne semblait destiner ce jeune homme timide et gauche à devenir un symbole de celle-ci. Il n'a pas toujours été l'homme de conviction vêtu de blanc de l'imaginaire collectif. Encore dévoué à la couronne britannique, tentant de se fondre dans la société anglaise par le conformisme vestimentaire et professionnel, il lui faut plusieurs années de désillusions avant d'envisager de séparer le destin de l'Inde de celui de la Grande-Bretagne. Et dans cette marche, c'est sa force morale qui inspire davantage ses disciples, dont le constructeur de l'Inde indépendante Jawaharlal Nehru (1889-1964), que ses actions.

Les combats de Gandhi s'inscrivent avant tout dans un contexte colonial, et pas seulement en Inde. Il fait ses premières armes en

Afrique du Sud, où, jeune avocat tout juste sorti d'une école londonienne, il est confronté aux discriminations qui frappent ses compatriotes. Il y élabore sa vision de la désobéissance civile non violente et de la simplicité volontaire, forgeant l'image d'un homme sage et juste. Il n'en est pas moins un être pétri d'ambiguïtés, tiraillé entre ses désirs spirituels et matériels, imposant sa volonté de façon souvent autoritaire à ses proches, conservant une vision traditionnelle de la société hindoue et de sa hiérarchie qu'il tente de préserver, privant parfois ses luttes de leur caractère d'universalité. L'héritage de Gandhi, au-delà de l'idéalisation qui lui enlève sa part d'humanité, est finalement l'espoir – même s'il est encore démenti par la réalité – d'une société sans violence.

DONNÉES CLÉS

- **Naissance ?** Né le 2 octobre 1869 à Porbandar (État du Gujarat, Inde).
- **Mort ?** Décédé le 30 janvier 1948 à Delhi (Inde).
- **Apports majeurs ?**
    - Le concept de *satyagraha* (désobéissance civile non violente) et de simplicité volontaire.
    - L'indépendance de l'Inde.

BIOGRAPHIE

UNE FORMATION À L'ANGLAISE

Mohandas Karamchand Gandhi est né le 2 octobre 1869 à Porbandar, dans l'État du Gujarat, au centre-ouest de l'Inde. Issu de la caste des marchands, son père, Karamchand Gandhi (1822-1886), a été Premier ministre de la principauté de Porbandar, et sa mère est la quatrième épouse de ce dernier. Ses années de jeune adolescent sont marquées par son mariage, en 1882, à l'âge de 13 ans, avec Kasturba Makanji (1869-1944). En 1886, alors que son père meurt et que naît son premier fils qui ne survit pas à l'accouchement, Gandhi décide d'aller étudier à Londres, capitale de l'Empire britannique dont l'Inde est une des colonies. Sa caste s'y oppose, mais Gandhi, bénéficiant du soutien maternel, enfreint l'interdiction et prend le bateau en septembre 1888, laissant à Porbandar sa jeune épouse et son fils Harilal (1888-1948), tout juste né.

Il réside à Londres jusqu'en 1891, étudiant le droit et tentant de se fondre dans la société anglaise.

Il porte le costume et le chapeau, apprend à danser, prend des cours d'élocution, mais reste inébranlable quant à son alimentation. Après quelques essais malheureux de consommation de viande, il revient au végétarisme et s'engage même au sein de la Société végétarienne de la capitale, rédigeant quelques articles pour sa revue. Admis au barreau, il prend le chemin du retour et arrive à temps pour accompagner la mort de sa mère et accueillir son fils cadet Manilal (1892-1956). Engagé dans un cabinet d'avocat, c'est un piètre plaideur du fait de sa timidité maladive qui va jusqu'à le faire s'évanouir en plein tribunal. Mais il est efficace dans la gestion des dossiers, ce qui lui vaut d'être envoyé en Afrique du Sud afin d'y défendre les intérêts des marchands indiens de la *Dada Abdullah and Cie.*

L'AVENTURE AFRICAINE

Il arrive dans la province du Natal en 1893 et s'installe à Durban. Il y fait l'expérience de la discrimination et, forçant son caractère jusque-là timoré, s'investit dans la lutte pour la défense des droits des ressortissants indiens. Il rejoint le groupement des marchands du Gujarat et participe activement à la rédaction de pétitions et à l'organisation de manifestations contre la loi qui menace de les priver du droit de vote aux élections. En 1894, il fonde le Congrès indien du Natal, s'inspirant du Congrès indien qui régit les relations entre la colonie et sa métropole britannique.

Voyant sa mission, qui ne devait durer qu'une année, se prolonger, il fait venir sa famille en 1896. Celle-ci est agrandie par la naissance de Ramdas (1897-1969) et de Devdas (1900-1957). En 1901, lors d'un bref retour en Inde, il ouvre son propre cabinet d'avocat à Rajkot puis à Bombay. En 1905, de retour en Afrique du Sud, il fait de même à Johannesburg. Son succès professionnel lui assure des revenus très confortables et une notoriété qui irrite les Anglais, dont dépendent à la fois les États d'Afrique du Sud et l'Inde. Il se rapproche en effet des indépendantistes indiens et oblige la Grande-Bretagne à intervenir dans les différends qui l'opposent aux dirigeants sud-africains.

Après l'indépendance du Transvaal (1er janvier 1907) et l'adoption d'une loi visant à restreindre l'immigration indienne, Gandhi met en place une nouvelle forme de lutte : la désobéissance civile. Tout au long de son parcours africain, jalonné d'incarcérations, il reste néanmoins loyal à la couronne britannique, créant par exemple une compagnie de brancardiers lors de la seconde guerre des Boers (1899-1902) ou lui apportant son soutien et celui de la population indienne lors de la Première Guerre mondiale (1914-1918).

LE RETOUR EN INDE

Gandhi quitte l'Afrique du Sud en 1913, fait un séjour en Grande-Bretagne avant de revenir sur sa terre natale. Rapidement, il se lance à nouveau dans le combat pour la défense des populations opprimées ou défavorisées. Il partage la vie des intouchables, exclus du système des castes, et défend les paysans cultivateurs d'indigo ainsi que les ouvriers du textile. Tout en menant ses luttes, ayant toujours recours à la non-violence et à la désobéissance civile, il entreprend une réforme morale personnelle. Il décide de porter le costume indien et de pratiquer la simplicité dans tous les gestes quotidiens (frugalité alimentaire, abstinence sexuelle, vie spirituelle, etc.).

Mais dans les années vingt, son combat se durcit face à une répression britannique parfois sanglante lors de manifestations, comme celle d'Amritsar qui fait près de 400 victimes en 1919. La lutte de Gandhi, qui, après les geôles africaines, lui fait connaître les prisons indiennes, s'oriente de façon irrévocable vers l'indépendance de son pays. En 1930, il s'illustre une nouvelle fois par une action d'éclat, la marche du sel. Afin de dénoncer le monopole du ramassage du sel et les taxes perçues par les colons britanniques, il parcourt les 400 kilomètres qui séparent son *ashram* (ermitage en un lieu isolé) de la plage de Dandi à pied, suivi peu à peu par des milliers de sympathisants.

Gandhi ramassant du sel sur la plage le 5 avril 1930, à la fin de la marche du sel.

Lorsque s'ouvre le second conflit mondial, le Congrès indien soumet son soutien à la Grande-Bretagne à la condition qu'il obtienne son indépendance. Gandhi, défenseur de la non-violence, prend ses distances avec le Congrès qui est prêt à participer au conflit en échange de l'indépendance, mais prononce en août 1942, à Bombay, son discours intitulé « *Quit India* » (« Quittez l'Inde »), encourageant une désobéissance civile massive afin de contraindre les Britanniques à quitter le territoire indien. Arrêté une nouvelle fois, il est libéré en 1944 et assiste à la fin de la domination anglaise en Inde.

LE TEMPS DE LA DÉSILLUSION

Si Gandhi a été confronté tout au long de ses années de lutte non violente à une réalité souvent cruelle et meurtrière, l'indépendance de l'Inde est sans doute l'une de ses plus grandes blessures. En effet, lorsque la Grande-Bretagne nomme lord Louis Mountbatten (1900-1979) vice-roi des Indes avec pour mission de négocier l'indépendance avec la nation indienne, celle-ci est profondément divisée entre les musulmans de la Ligue musulmane dirigée par Ali Jinnah (1876-1948), et le Congrès (qui regroupe hindous, laïcs et musulmans modérés) représenté par Jawaharlal Nehru. La déclaration du 15 août 1947 officialise la partition de l'Inde en deux États, l'Union indienne (majoritairement hindoue) et le Pakistan (musulman). C'est pour Gandhi une « vivisection », une blessure profonde gangrénée par les massacres qui suivent la séparation. Il tente de rétablir la paix entre les communautés par son charisme, mais est assassiné à Delhi le 30 janvier 1948 par un fanatique hindou, Nathuram Godse (1910-1949).

LE MAHATMA

Le qualificatif de *mahatma* (« grande âme » en sanskrit) qui est attribué à Gandhi lui aurait été donné par le poète indien de langue bengali Rabindranath Tagore (1861-1841), lauréat du prix Nobel de littérature en 1913, avec qui il entretient une profonde amitié.

CONTEXTE

UNE AFRIQUE DU SUD SOUS DOMINATION ANGLAISE

À la fin du XIXe siècle, l'Afrique du Sud n'est pas encore un pays à part entière comme aujourd'hui. Découverte par les Portugais, ce sont les Hollandais de la Compagnie des Indes orientales qui s'y installent en premier au milieu du XVIe siècle dans des comptoirs commerciaux situés sur la côte, au Cap en particulier. Ils colonisent petit à petit les terres intérieures au détriment des populations locales, avec lesquelles ils s'affrontent régulièrement. Les Boers (« paysans ») hollandais sont rejoints à la fin du XVIe siècle par des protestants français, fuyant leur pays après la révocation de l'édit de Nantes (1598) afin d'échapper aux persécutions.

Au début du XIXe siècle, les Britanniques acquièrent la colonie du Cap grâce au traité de Paris, signé en 1814, au lendemain de la guerre entre Napoléon Ier (1769-1821) et les alliés européens coalisés. L'administration britannique soulève rapidement le mécontentement des Boers. Une partie d'entre eux quittent la province du Cap entre 1835 et 1837 afin de conquérir de nouvelles terres. Ce mouvement est surnommé le Grand Trek, sorte d'épopée teintée de mysticisme chrétien fondant la culture afrikaner (mélange de traditions hollandaises et protestantes, et nom de la langue née du métissage entre le hollandais, le français et les langues africaines locales). Les Boers fondent en 1840 l'État du Natal, sur la côte à l'est de la colonie du Cap. Là, ils doivent faire face aux Zoulous puis à nouveau aux Anglais, qui annexent le Natal en 1843. Les Boers s'exilent une fois de plus et se regroupent dans deux républiques, celle du Transvaal (1852) et celle de l'État libre d'Orange (1854). Mais le répit ne dure guère : les Boers se heurtent toujours aux Zoulous dont ils spolient les terres et, une décennie après leur installation, aux Anglais, et en particulier à la British South Africa Company de Cecil Rhodes (homme d'affaires et homme politique anglais, 1853-1902), Premier ministre de la colonie du Cap, qui convoite les territoires afrikaners pour leur richesse en diamant et en or.

La première guerre des Boers éclate en 1880 et se solde, un an plus tard, par la défaite des Britanniques. Face aux mesures de rétorsion prises par le président du Transvaal Paul Kruger (1825-1904) envers les étrangers, et plus particulièrement les Britanniques et les Allemands, la Grande-Bretagne tente une nouvelle invasion. La seconde guerre des Boers débute en 1899 et se poursuit jusqu'en 1902. Elle se conclut par le traité de Vereeniging qui fait du Transvaal et de l'État d'Orange des colonies anglaises dotées d'un gouvernement autonome boer. En 1910, l'Angleterre regroupe toutes ses colonies, devenues des dominions suite à l'indépendance de certaines, au sein de l'Union sud-africaine. Celle-ci est dirigée par un gouverneur général nommé par le Gouvernement britannique et par un Premier ministre élu, responsable devant le Parlement, lui-même constitué d'une Assemblée et d'un Sénat. Cette nouvelle union entre Britanniques et Afrikaners conduit à la mise en place dans la seconde décennie du XXe siècle des premières discriminations raciales contre les Indiens et les Noirs.

L'EMPIRE DES INDES

Tout comme les États d'Afrique du Sud, l'Inde de la fin du XIXe siècle est sous domination anglaise. Une fois de plus, celle-ci s'est faite par le biais de l'implantation commerciale. Après la découverte du continent par les Portugais qui y créent des comptoirs commerciaux au XVe siècle, les Anglais de l'*East India Company*, la Compagnie hollandaise des Indes orientales et la Compagnie française des Indes orientales y rivalisent dans les siècles qui suivent. L'Inde est alors divisée en une multitude d'États, royaumes, sultanats, principautés, dirigés par des souverains de différentes ethnies et religions.

L'implantation européenne se fait au prix de nombreux conflits, mais aussi d'alliances, reproduisant sur le territoire indien la complexité de l'échiquier européen. Au gré des guerres qui opposent Hollandais, Français et Anglais au XVIIIe siècle, les comptoirs passent de main en main. L'*East India Company* finit par obtenir le monopole commercial en Inde à partir des années 1760. Sa puissance économique s'appuie sur une force militaire, d'abord chargée de protéger les villes occupées par les Britanniques (Madras, Calcutta, Bombay) puis de percevoir les impôts auprès des populations qui en dépendent. La conquête des territoires est le fruit d'une politique d'expansion commerciale et d'affaiblissement des pouvoirs locaux encore susceptibles de mettre un terme à la domination britannique.

Durant toute la première moitié du XIXe siècle, alors que le Gouvernement britannique prend peu à peu le relais de l'*East India Company* dans la gestion administrative des territoires anglais en Inde, les différents gouverneurs organisent des expéditions de colonisation, le plus souvent meurtrières. À partir de 1858, après la révolte des cipayes (soldats du Nord de l'Inde), la gouvernance de cette mosaïque de provinces est définitivement assurée par la couronne britannique, et l'*East India Company* est dissoute. L'empire des Indes, en partie sous contrôle direct de l'autorité londonienne et en partie constitué de royaumes autonomes sous protectorat, est dirigé par un vice-roi. Lui-même sous la tutelle du secrétaire d'État à l'Inde, membre du Gouvernement britannique, il délègue son autorité en nommant des gouverneurs de province. Tous les postes de hauts fonctionnaires ainsi que l'essentiel du commerce et de l'industrie sont aux mains des Britanniques. En réponse à cette domination coloniale, un nationalisme indien émerge et prend peu à peu de l'ampleur.

LA SOCIÉTÉ INDIENNE AU DÉBUT DU XXE SIÈCLE

La population indienne est à plus de 90 % rurale. L'essentiel de la production agricole (thé, épices, riz, café, sucre, coton, indigo) est destiné à l'exportation, de même que les produits de l'extraction minière (charbon, minerais) et de l'industrie, surtout textile (transformation du jute et du coton). Celle-ci est concentrée dans quelques rares centres urbains dynamiques. L'économie indienne repose sur un système colonial inéquitable qui sert les intérêts de la métropole : elle exporte ses matières premières et importe les produits manufacturés, le plus souvent issus du marché anglais. Pour les entreprises britanniques, c'est une source de profit considérable. Elles perçoivent les bénéfices des exportations de l'Inde vers l'étranger et des importations des produits anglais vers l'Inde. Face à l'agriculture de plantations, la production vivrière s'amenuise. Faute de développement d'un marché intérieur, les industries, même quand elles sont détenues par des Indiens, sont entièrement dépendantes du commerce extérieur et des capitaux étrangers.

Outre cette précarité entretenue par la puissance coloniale et une fiscalité de plus en plus pesante, la société indienne est également soumise à des règles internes qui freinent son évolution. Elle est en effet divisée en castes (*varna*), dont la méfiance des unes vis-à-vis des autres rend les possibilités d'une union contre un pouvoir abusif difficiles. Elles sont basées sur l'idéologie de l'inégalité naturelle des hommes issue de l'hindouisme. Au sommet de cette société hiérarchisée se trouvent les brahmanes (prêtres), suivis des guerriers, des marchands, puis du reste de la population. Exclus de cette classification, les intouchables (*dalits*), catégorie particulière de la population exerçant les métiers dits impurs (en général, ceux en contact avec le sang) font l'objet d'une importante ségrégation. Si l'hindouisme reconnaît la nécessaire interdépendance des castes pour le bon fonctionnement de la société, il exclut toute possibilité de changement de caste et est marqué par une forte endogamie. L'Inde qui marche vers son indépendance est un colosse fragile à la fois économiquement et culturellement. C'est cette hétérogénéité des langues, des traditions, des religions, des mentalités que Gandhi va tenter d'unifier face à l'occupant britannique.

TEMPS FORTS

DEUX DÉCENNIES AFRICAINES

Une arrivée mouvementée

La présence d'une forte population indienne en Afrique du Sud date de 1860. En effet, les planteurs n'avaient guère confiance dans les populations zouloues avec lesquelles ils étaient en conflit. Aussi avaient-ils fait venir des Indiens afin d'assurer l'exploitation de leurs terres. Leur installation est rapidement suivie par celle de marchands, majoritairement des musulmans venus du Gujarat. Les ressortissants indiens sont soumis à un régime de ségrégation assez sévère. Ainsi, les *coolies* (travailleurs agricoles d'origine asiatique) ne sont pas autorisés à côtoyer la population blanche. Ils ne peuvent voyager dans les mêmes wagons ou voitures, manger dans les mêmes salles de restaurant, ni même fréquenter les mêmes magasins. Si, dans le Transvaal, ils ont obtenu le droit de posséder des terres, celles-ci se trouvent à l'écart des villes, et les autorisations de commerce sont soumises à des restrictions sévères.

Dès son arrivée, Gandhi est confronté à cette discrimination. Le premier incident se produit au mois de mai 1893 à Durban (province du Natal) et est lié à son turban. S'il porte encore le costume de gentleman, il arbore malgré tout la coiffe traditionnelle de sa caste. Se découvrir étant un signe d'humiliation, il refuse de l'ôter au tribunal, que sa désobéissance lui contraint de quitter. Son premier combat, sous forme d'un article de journal, est la défense du port du turban par les Indiens. Quelques jours plus tard, il prend le train pour Pretoria, capitale de la province du Transvaal. Détenteur d'un billet de première classe, il est néanmoins sommé de s'installer dans le fourgon à bagages. Son refus lui vaut d'être jeté hors du train en pleine nuit. La suite de son voyage est une succession d'humiliations, qui vont forger sa résolution de défendre la cause indienne.

L'élaboration du *satyagraha*

Parallèlement, sa fréquentation des milieux chrétiens et musulmans ainsi que ses lectures d'auteurs mystiques ou libertaires l'ouvrent à une nouvelle quête spirituelle. Alors que la mission qui lui avait été confiée touche à son terme (il a pu éviter un procès et obtenir réparation dans le litige qui opposait son client Abdullah à un confrère), un projet de loi contre le droit de vote des Indiens agite la communauté du Natal. Gandhi décide alors de prolonger son séjour et organise une grande campagne de dénonciation de la loi auprès des autorités du Natal ainsi qu'à Londres. Même si cela n'empêche pas son adoption, Gandhi a impulsé une nouvelle dynamique au sein de la population indienne. En 1894, il fonde avec Abdullah le parti du Congrès indien du Natal, et parvient à obtenir de Londres l'interdiction des lois raciales discriminatoires. Le Natal riposte en 1897 avec le *Natal Act*, une loi qui restreint de façon drastique l'immigration.

La guerre de Boers qui éclate en 1899 entre Britanniques et Afrikaners est l'occasion pour Gandhi de prouver sa loyauté envers la Couronne, et la victoire anglaise lui laisse l'espoir d'un sort meilleur réservé aux Indiens dans les provinces conquises. Il quitte l'Afrique du Sud en 1901 avec sa famille qu'il a fait venir cinq ans plus tôt. Mais il y est rappelé moins d'un an plus tard, au moment de la visite du secrétaire d'État aux colonies, Joseph Chamberlain (1836-1914). Ce dernier refuse de le voir, et Gandhi décide une fois de plus de rester en Afrique du Sud, cette fois à Johannesburg.

En 1906, il soulève, grâce au journal *Indian Opinion*, plus de 3 000 compatriotes lors d'un meeting contre l'ordonnance de recensement et de relevé des empreintes digitales de tous les Indiens âgés de plus de 8 ans, par ailleurs contraints de posséder une carte d'identité en règle sous peine d'expulsion. Mais face à l'échec qu'ils essuient et aux arrestations dont ils sont victimes, Gandhi décide de durcir son action. En plus des manifestations et des pétitions, il lance un mouvement de désobéissance civile. Le *satyagraha* (« force de la vérité ») doit venir à bout de l'ennemi par la force morale et non physique. Il consiste en des manifestations pacifiques, non violentes, avec scansion de slogans et l'absence de résistance lors des arrestations. En 1908, il donne l'exemple en brûlant son certificat de recensement et regroupe autour de lui de plus en plus de fidèles, les *satyagrahis*. Alors qu'en 1904 il avait quitté sa maison cossue pour un ashram qu'il avait fondé à Phoenix, il crée en 1910 une ferme coopérative qu'il baptise *Tolstoï Farm*, du nom de son ami et inspirateur, l'écrivain russe Léon Tolstoï (1828-1910).

L'affirmation de la lutte

En 1909, alors qu'il revient d'Angleterre où il était allé plaider en vain la fin des déportations de *satyagrahis* vers l'Inde, il rédige le livre intitulé *Hind Swaraj* (« autonomie indienne », plus connu sous le titre *Leur civilisation et notre délivrance*), encourageant son peuple (en Inde cette fois) à l'autonomie politique, à l'autogouvernement par la force de l'unité et de la détermination non violente.

En 1913, une grève frappe les mines. Les travailleurs indiens d'Afrique du Sud sous contrat sont en effet soumis à une taxe de trois livres (destinée à les pénaliser et à décourager l'immigration de nouveaux travailleurs) qu'ils refusent d'honorer. Face aux mesures de rétorsion prises par les patrons, Gandhi encourage les grévistes à marcher depuis leur lieu de travail jusqu'à sa ferme, soit plus de 300 kilomètres, dans un pèlerinage de protestation. Gandhi est une nouvelle fois arrêté et les relations avec le gouverneur de la nouvelle Union d'Afrique du Sud, Jan Smuts (1870-1950), se durcissent. Mais il parvient néanmoins à obtenir en mai et juin 1913 la signature de l'*Indian's Relief Act* qui abolit la taxe des trois livres, autorise les mariages indiens et rétablit les droits des anciens résidents.

En 1914, Gandhi décide de quitter l'Afrique du Sud et de regagner l'Inde.

L'INDE : DE LA LOYAUTÉ À L'AUTONOMIE

Pendant les vingt années passées en Afrique du Sud, Gandhi a conservé des liens forts avec l'Inde. Lors de son bref retour entre 1901 et 1902, il s'était arrêté à Calcutta afin de participer aux assises du Congrès indien, dont il voulait obtenir la mobilisation sur la question des colonies, et avait fait un séjour au Bengale où il avait rencontré de nombreux activistes politiques.

En 1909, son *Hind Swaraj or Indian Home Rule* (*Hind Swaraj ou l'émancipation à l'indienne*) s'adresse au sous-continent et non aux Indiens d'Afrique du Sud. En 1912, dans sa ferme du Transvaal, il reçoit la visite de Gopal Krishna Gokhale (1866-1915), le leader nationaliste du parti du Congrès. Aussi, lorsqu'il arrive en 1915, il est une figure reconnue.

Il rejoint le Congrès indien, dont il regrette les divisions internes entre l'aile radicale dirigée par Bal Gandaghar Tilak (1856-1920) et l'aile réformiste menée par les laïcs Jawaharlal Nehru et Sardar Vallabhbhai Patel (1875-1950), et entre les hindous et les musulmans d'Ali Jinnah. Il s'installe dans un ashram et reprend rapidement ses actions de lutte contre les inégalités. En 1917, il s'implique auprès des cultivateurs d'indigo du Champaran qui se soulèvent contre l'oppression des planteurs, brisant pour la première fois la règle des castes. Il se rapproche également des intouchables, qu'il appelle « enfants de dieu » (*harijans*), dénonçant leur exclusion de toute forme d'humanité. Il organise des des *satyagrahas* contre les impôts coloniaux et les taxes discriminatoires, comme en 1908 pour défendre les paysans de Kheda victimes des inondations. Lorsqu'en 1919, le *Rowlatt Act* prolonge l'état d'urgence mis en place pendant la Première Guerre mondiale et entraîne une série de mesures répressives et liberticides, Gandhi lance un mot d'ordre de cessation de toute activité (*hartal*) et de nombreuses manifestations se déroulent dans tous le pays. Celle d'Amritsar, le 13 avril 1919, dans l'État du Pendjab, est le théâtre d'une fusillade meurtrière ordonnée par le général britannique Reginald Dyer (1864-1927). Elle cause la mort de 379 personnes et plus d'un millier de blessés. Devant l'horreur perpétrée, Gandhi décide de passer de la désobéissance civile à la non-coopération totale. Il engage les Indiens à refuser toute participation aux institutions coloniales, en boycottant aussi bien les administrations (justice, école, etc.) que les biens importés d'Angleterre, en particulier les vêtements. Ce programme est adopté par le Congrès en 1920, mais interrompu suite à l'incendie d'une caserne de policiers britanniques à Chauri Chaura par des Indiens qui fait 23 victimes parmi les policiers, et qui entraîne l'arrestation de Gandhi et de plusieurs de ses militants.

Libéré en 1924 pour raisons médicales (opération de l'appendicite), il met sur pied de nouveaux moyens d'action, comme le jeûne et le pèlerinage, inspiré par la marche des mineurs en 1913. Ainsi entre le 12 mars et le 5 avril 1930, il effectue à pied les 400 kilomètres qui séparent son *ashram* de la Sabarmati (Gujarat) de la mer afin de dénoncer le monopole britannique de la récolte du sel et la taxe à laquelle il est soumis. Suivi par de nombreux pèlerins, son geste encourage des milliers d'Indiens à ramasser le sel eux-mêmes. Gandhi est une nouvelle fois arrêté, ainsi que quelque 60 000 militants. Un pacte signé avec le vice-roi des Indes lord Edward Wood Irwin (1881-1959) le 5 mars 1931 permet la libération des prisonniers politiques et la participation du Congrès indien à une table ronde à Londres au sujet du statut de l'Inde, en échange de la fin de la désobéissance civile. Mais les conférences londoniennes sont un échec. La rupture entre la Grande-Bretagne et l'Inde est consommée.

Une célébrité internationale

La réputation de Gandhi ne s'est pas cantonnée au monde colonial britannique. Au moment du développement des médias, et grâce à son goût pour la correspondance et le voyage, Gandhi est une célébrité internationale. Lors de sa venue à Londres en 1931 pour les tables rondes sur le statut de l'Inde, il fait une tournée des intellectuels, mais aussi du monde ouvrier. De manière assez ironique, il rend visite aux ouvrières anglaises du textile, dont il a pourtant lancé le boycott en Inde, qui l'accueillent chaleureusement, de même que les militantes féministes pacifistes.

Romain Rolland (écrivain français, 1866-1944), qui a fait publier une biographie de Gandhi en 1924, est moins enthousiaste. Il vouait une admiration sans borne au *mahatma*, mais est quelque peu déçu par l'obstination de cet homme qui tente, par la douceur certes, mais avec beaucoup d'intransigeance, d'imposer ses vues. En France, son arrivée et sa conférence sont applaudies par plusieurs milliers d'admirateurs.

Les journalistes américains quant à eux suivent à la trace le moindre de ses gestes, les relayant dans les journaux et les actualités cinématographiques. Plus contestées sont sa visite à Mussolini (homme d'État italien, 1883-1945) et ses lettres à Hitler (homme d'État allemand, 1889-1945) qu'il signe d'un « votre ami » cordial tout en l'enjoignant de renoncer à ses vues guerrières.

VERS L'INDÉPENDANCE

Au moment où se déclenche la Seconde Guerre mondiale (1939-1945), le Congrès indien est profondément divisé entre des courants qui demandent des réformes différentes. La Ligue musulmane d'Ali Jinnah s'est désolidarisée, demandant la création d'un Pakistan musulman indépendant, et des rivalités ont terni les relations entre Patel et Nehru. Gandhi prend ses distances, déçu par ces querelles intestines qui fragilisent le rapport de force avec la puissance impériale qui avait pourtant concédé à Patel une nouvelle constitution plus autonomiste en 1935 (*Government of India Act*). Mais l'entrée en guerre suspend cette dernière, Londres souhaitant à nouveau soumettre l'Inde à un état d'urgence visant à soutenir la Grande-Bretagne dans ses combats en Asie. Le Congrès et Gandhi s'insurgent, refusant de prêter main-forte à l'autorité coloniale sans l'accord de l'indépendance totale. Gandhi lance la campagne de désobéissance civile individuelle (DCI), menée par des manifestants filant le rouet qui prononcent un slogan écrit par Gandhi. Le Premier ministre britannique Winston Churchill (1874-1965) refuse catégoriquement toute idée d'indépendance. Face à la mondialisation du conflit et la crainte de voir le sol indien devenir le théâtre d'affrontements entre certains dirigeants indiens pro-alliés et d'autres pro-Japonais, Gandhi prononce le 8 août 1942 son discours intitulé « *Quit India* », dans lequel il demande expressément le départ des Anglais et enjoint toute la population à un nouveau *satyagraha* avec ce seul slogan. Lui-même entame une série de jeûnes. Après des émeutes sanglantes dans tous les pays qui font plus de 1 000 morts, Gandhi est assigné à résidence au palais de Pune, où meurt son épouse Kasturba. Il est libéré le 6 mai 1944.

Durant les trois années qui séparent encore l'Inde de l'indépendance, Gandhi est quelque peu mis à l'écart de ce qui se joue entre la Grande-Bretagne, le Congrès et la Ligue musulmane. Il poursuit malgré tout ses tentatives pour convaincre Ali Jinnah de renoncer à ses volontés séparatistes, et Nehru d'être plus conciliant avec lui. Face aux massacres et aux émeutes qui ont lieu entre musulmans et hindous à Bombay, Calcutta ou encore Noakhali, il entame des grèves de la faim, entreprend des pèlerinages de village en village, appelant les Indiens à se réconcilier. Mais son impuissance le mine, et le 15 août 1947, qui voit l'indépendance et la partition de l'Inde en deux États, est pour lui un jour de deuil.

LA SIMPLICITÉ VOLONTAIRE, UNE ARME MORALE ET POLITIQUE

Influencé par son approche des différentes religions et ses lectures du peintre et essayiste anglais John Ruskin (1819-1900), qui dénonce la société de consommation de la civilisation industrielle dans laquelle il vit, mais également par celles de Henry David Thoreau (philosophe américain, 1817-1862), qui élabore les théories de la simplicité volontaire et de la désobéissance civile, ou encore de l'écrivain russe libertaire Léon Tolstoï, Gandhi se forge une pensée philosophique particulière. Il commence à expérimenter le concept de la simplicité volontaire dans la communauté qu'il regroupe à Phoenix, en Afrique du Sud, et la poursuit dans la *Tolstoï Farm*. Là, il participe aux différentes tâches quotidiennes, prônant l'autosuffisance par la culture de la terre ou encore la fabrication du pain. Mais cette démarche matérielle s'accompagne rapidement d'une crise spirituelle. Désireux de se dévouer totalement à la vie politique, d'être un réformateur modèle, il se doit d'être irréprochable, à l'image des brahmanes. Aussi décide-t-il de renoncer à toute forme de plaisirs inutiles. En 1906, il fait vœu de pauvreté, de chasteté et d'humilité. C'est à ce titre qu'il fréquente les intouchables ou encore les cultivateurs indiens. Lui qui s'était fait fort de s'acculturer à la société britannique, il renonce au costume dans les années 1910 pour porter le vêtement traditionnel paysan d'abord, puis un simple *khadi* (jupe de coton), dont il file lui-même le coton. Outre l'affirmation de sa volonté de transcender les castes, c'est aussi un moyen non violent de se réapproprier l'usage du coton indien et de refuser l'utilisation de vêtements importés d'Angleterre.

Gandhi filant. Photo prise dans les années vingt.

Végétarien de longue date, il prône la frugalité alimentaire, pratiquant le jeûne et refusant les soins médicaux.

Il tente également d'impulser une réforme de l'hindouisme. S'il défend le système des castes, il souhaite l'assouplir en faveur des intouchables, dont il demande la reconnaissance de l'humanité et l'acceptation dans les temples.

Gandhi, tout comme en politique, va mener un dur combat contre ses propres penchants. Il se reconnaît volontiers amateur de sexualité et de bonne chère. Cette pratique de la simplicité volontaire qu'il poursuit en Inde dans des *ashrams* lui a conféré une image de saint homme, de ces brahmanes dont il ne pouvait faire partie faute d'être né dans cette caste, mais au destin desquels il aspirait. Mais derrière le Gandhi charismatique vit un Gandhi confronté aux difficultés d'une vie idéologique et familiale complexe.

RÉPERCUSSIONS

L'HUMANITÉ D'UN SYMBOLE : RÉALITÉS ET CONTROVERSES

La non-violence, une stratégie plus qu'une conviction ?

Les prises de position publiques de Gandhi appelant à la tolérance et à la fraternité masquent une réalité bien plus complexe. En effet, Gandhi a un certain nombre de positions idéologiques très controversées et un rapport à l'image particulier. Lors de son séjour en Afrique du Sud, s'il s'est fait l'ardent défenseur de la cause indienne, il s'est peu préoccupé du sort des populations africaines. Il reconnaît n'avoir rien contre elles, mais il n'est pas exempt de préjugés raciaux, les décrivant à l'occasion comme paresseuses ou sottes. De plus, il sait que prendre position pour elles risquerait de froisser les autorités britanniques dont le soutien lui est nécessaire face aux Afrikaners. Nelson Mandela (avocat et homme d'État sud-africain, 1918-2013), qui dirigera l'ANC (Congrès national d'Afrique du Sud) inspiré du Congrès indien du Natal de Gandhi et dans un premier temps héritier des méthodes de résistance non violente, évoquera l'utilisation de celle-ci par Gandhi à des fins stratégiques bien plus que par idéal moral.

Un père et un époux autoritaire

Gandhi a également un rapport complexe avec les femmes. Soumis à des appétits charnels qu'il décide de contrôler par une abstinence sexuelle, il a beaucoup de difficultés à les considérer comme des égales. Il accepte difficilement que son épouse Kasturba puisse discuter les décisions qu'il tente de lui imposer. Celle-ci doit ainsi subir les choix de vie rudimentaires imposés par Gandhi, comme le refus de celui-ci de faire soigner ses enfants, le soutenir dans sa lutte et affronter la prison, parfois contre ses propres convictions.

Par son vœu d'abstinence, Gandhi rejette tout ce qui a trait au désir, masculin et féminin, ce qui le conduit à prendre position contre la contraception et causera des tensions extrêmes entre son fils aîné et lui. Après le décès de la première épouse d'Harilal, Gandhi refuse qu'il se remarie, l'enjoignant de renoncer aux plaisirs de la chair comme lui. Il le condamne également pour sa conversion à l'islam, non par rejet de cette religion, mais parce qu'il la voit comme une provocation à son encontre et un risque de ternissement de son image.

En outre, deux de ses enfants, Harilal et Manilal, reprochent à leur père d'avoir sacrifié leur éducation à son dessein personnel. Durant toute la période africaine plutôt que de leur permettre de suivre leur scolarité dans des écoles privées, ce qu'il voit comme un privilège par rapport aux autres Indiens et qu'il ne s'autorise donc moralement et stratégiquement pas, il les confie à des gouvernantes et à Kasturba, qui n'a que des rudiments d'instruction. De même, il refuse de les envoyer étudier à Londres, estimant qu'il ne pouvait offrir d'une part l'image d'un défenseur de la cause nationaliste indienne et d'autre part celle d'un opportuniste profitant des attraits de la puissance coloniale.

Une position ambiguë
envers les intouchables

Cette volonté de toute-puissance dans la sphère familiale s'est également appliquée à son entourage politique. Par les mêmes moyens qu'il emploie pour faire plier les autorités sud-africaines ou anglaises, il tente à plusieurs reprises de rallier le Congrès à sa propre conception des choses ou s'en écarte lorsqu'il estime ne pas y être entendu. Ainsi, lorsque le représentant des intouchables Bhimrao Ram-ji Ambedkar (avocat et homme politique indien, 1891-1956) obtient en 1932 un électorat séparé, Gandhi commence une grève de la faim pour faire abroger la décision qu'il estime être une menace pour l'union indienne. Il obtient gain de cause, contre la volonté des intouchables eux-mêmes. Si 148 sièges leur sont réservés dans les assemblées provinciales, ils doivent néanmoins obtenir les voix des autres castes pour y parvenir, ce qui est quasiment impossible dans la société indienne qui les voit comme des impurs. Il défend leur éducation, leur accès aux temples, tout en maintenant les castes. Les intouchables lui reprochent aujourd'hui d'avoir ainsi retardé leur accès à l'égalité sociale.

L'ASSASSINAT DU MAHATMA ET LA SACRALISATION DU PÈRE DE LA NATION

Le 30 janvier 1948, sur le chemin de son lieu de prière à Delhi, alors qu'il a entamé un jeûne et compte se rendre au Pakistan afin de tenter de mettre fin aux massacres qui y ont lieu, Gandhi est assassiné par Nathuram Godse. Celui-ci expliquera lors de son procès qu'il n'avait rien contre la personne de Gandhi elle-même, qu'il admirait pour son courage, mais qu'il ne pouvait tolérer le soutien aux musulmans qu'il représentait. Nathuram Godse est pendu le 15 novembre 1949.

Les funérailles de Gandhi, incinéré au bord d'un affluent du Gange, réunissent près de deux millions de personnes, dont les représentants de l'indépendance, lord et lady Mountbatten, ainsi que Nehru et Patel. Ses cendres sont transférées en train vers Allahabad pour être jetées dans le Gange. Ironie du sort, si de son vivant Gandhi n'était pas parvenu à consolider l'union de son peuple, sa mort permet au Congrès de ne pas se diviser, soudant Patel et Nehru, et d'éviter une escalade dans les représailles des hindous envers les musulmans. En effet, le fait de voir l'un des leurs aller jusqu'à tuer le père de la nation au nom de sa religion refroidit les velléités de vengeance.

UNE INDÉPENDANCE SANGLANTE ET TRANSFORMATRICE

Ce sont donc deux États qui accèdent à l'indépendance en août 1947. Le Pakistan est lui-même divisé en deux entités géographiques distantes de près de 1 500 kilomètres : le Pakistan oriental, enclavé dans l'Union indienne, et le Pakistan occidental. Cette séparation entraîne des mouvements de population qui se font dans le chaos et le sang. Dès la fin de l'année 1947, éclate le premier d'une succession de conflits indo-pakistanais à propos de la région du Cachemire, partagée depuis 1949 par une ligne de cessez-le-feu.

Mais l'Union indienne, sous la direction de Jawaharlal Nehru, parvient à mettre en place une politique de développement sans précédent, assez éloignée des vues de Gandhi. Il relance l'économie grâce à de grands travaux publics, au développement d'une industrie lourde et d'une agriculture orientée vers l'autosuffisance. Ce dernier objectif sera atteint grâce à la révolution verte initiée par le successeur de Nehru au début des années soixante.

Nehru développe également un programme social laïque, orienté vers l'éducation et le développement des zones rurales grâce à une économie socialiste. Si la constitution prévoit l'interdiction des discriminations liées aux castes, celles-ci ne sont officiellement abolies qu'en 1950. Mais leur suppression institutionnelle n'a pas encore pénétré les mentalités.

Nehru est également à l'origine du non-alignement. Dans un monde marqué par la guerre froide, il préside en 1955 à Bandung une conférence dans laquelle il refuse de faire entrer son pays dans une quelconque logique partisane.

Si Gandhi a reçu le titre de mahatma, Nehru est associé, quant à lui, à celui de pandit. Il signifie « érudit », « sage » en sanskrit.

EN RÉSUMÉ

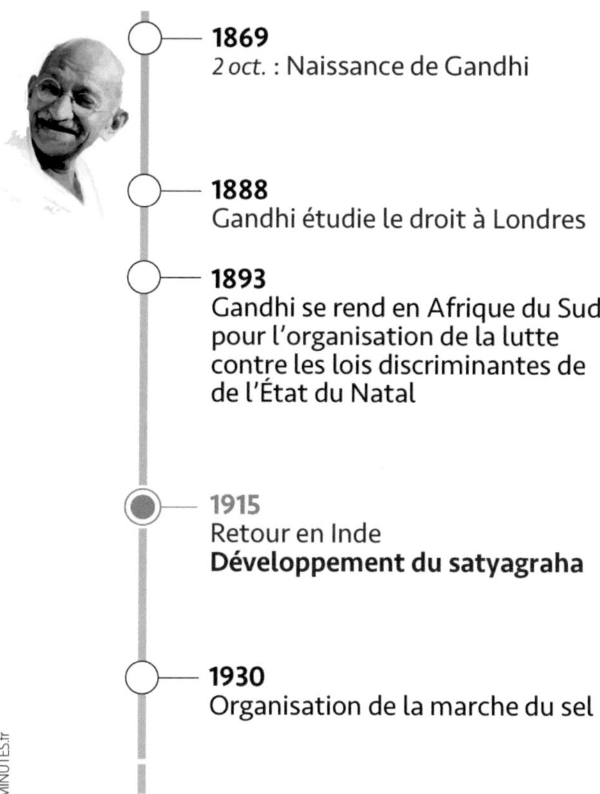

1869
2 oct. : Naissance de Gandhi

1888
Gandhi étudie le droit à Londres

1893
Gandhi se rend en Afrique du Sud pour l'organisation de la lutte contre les lois discriminantes de de l'État du Natal

1915
Retour en Inde
Développement du satyagraha

1930
Organisation de la marche du sel

1942
Gandhi prononce son discours « Quit India »

1947
Proclamation de l'indépendance de l'Inde

1948
30 janv. : Gandhi est assassiné

- Mohandas Karamchand Gandhi est né le 2 octobre 1869 à Parbandar, dans l'État du Gurajat dont son père est le Premier ministre.
- Il épouse Kasturba Makanji en 1882, et leur premier fils (mort-né) naît en 1886.
- En septembre 1888, peu après la naissance de son fils aîné Harilal, Gandhi se rend à Londres afin d'y étudier le droit. Il est admis au barreau en 1891. De retour en Inde, il accueille son second fils, Manilal, en octobre 1892.
- En 1893, il est chargé par son cabinet d'avocats de défendre les intérêts de clients commerçant en Afrique du Sud. Sur place, il est recruté

par l'organisation des marchands indiens de Durban pour organiser la lutte contre les lois discriminantes de l'État du Natal.

- Après un bref retour en Inde entre 1901 et 1903, durant lequel il crée son propre cabinet, il retourne avec sa famille, qui compte deux nouveaux fils, en Afrique du Sud où il continue sa lutte, en créant le Congrès indien, un journal d'opinion, et applique sa théorie de la désobéissance civile (*satyagraha*). Il fonde une ferme coopérative où se regroupent ses disciples.
- En 1915, il retourne en Inde, s'installe dans un ashram et développe le *satyagraha* auprès des populations paysannes contre l'oppression coloniale britannique.
- En 1930, Gandhi organise la marche du sel contre le monopole britannique et entreprend des grèves de la faim.
- En 1942, il prononce le discours « *Quit India* », demandant aux Anglais de quitter le sol indien.
- Le 15 août 1947, l'indépendance de l'Inde est prononcée. Le partage entre l'Union indienne et le Pakistan occasionne des massacres d'hindous aux frontières des deux États.

- Le 30 janvier 1948, Gandhi est assassiné à Delhi par un fanatique hindou.

Votre avis nous intéresse !
Laissez un commentaire sur le site de votre
librairie en ligne et partagez vos coups de cœur sur
les réseaux sociaux !

POUR ALLER PLUS LOIN

SOURCES BIBLIOGRAPHIQUES

- DELIÈGE (Robert), *Gandhi*, Paris, PUF, collection « Que sais-je ? », 1999.

- « Gandhi, au-delà de la légende », in *L'Histoire*, n° 393, octobre 2013.

- GANDHI (Rajmoha), *Gandhi, sa véritable histoire par son petit-fils*, Paris, Buchet-Chastel, 2008.

- MANDON (Guy), *Les mutations de l'économie mondiale au xxe siècle : d'une internationalisation à l'autre*, Paris, Sedes, 2007.

- MARKOVITS (Claude), *Gandhi*, Paris, Presses de Sciences-Po, 2000.

- MINISTÈRE DES AFFAIRES ÉTRANGÈRES, *Documents diplomatiques français : 1946, (1er juillet-31 décembre)*, Paris, Peter Lang, 2004.

- ROY (Laurence), *Gandhi*, Paris, Hachette, 2002.

SOURCES ICONOGRAPHIQUES

- Gandhi ramassant du sel sur la plage le 5 avril 1930, à la fin de la marche du sel. La photo reproduite est réputée libre de droits.

- Gandhi filant. Photo prise dans les années vingt. La photo reproduite est réputée libre de droits.

FILM ET DOCUMENTAIRES

- *Gandhi*, film de Richard Attenborough, avec Ben Kingsley, Candice Bergen et Rohini Hattangadi, Inde et Royaume-Uni, 1982.

- « Les Grandioses funérailles de Gandhi », in *INA*, France.

- *Les Moussons intimes, sur les traces du Mahatma Gandhi*, documentaire d'Alain Gordon-Gentil et de Fared Jangeer Khan, France et Italie, 2005.

- *Inde 2009, sur les traces de Gandhi*, web-série documentaire d'Arte Reportage, France, 2009.

ROMAN

- COLLINS (Larry) et LAPIERRE (Dominique), *Cette nuit la liberté*, 1975.

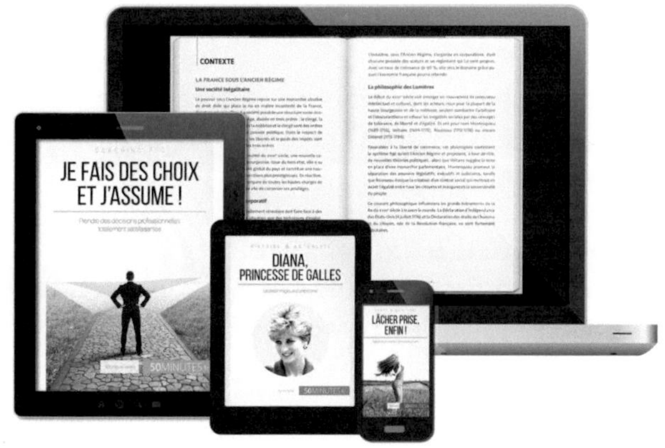

50MINUTES.fr

Art & Littérature

Coaching Pro

Business

Book Review

Histoire & Société

Santé & Bien-être

SOYEZ LÀ
OÙ ON NE VOUS ATTEND PAS !

www.50minutes.fr

ISBN ebook : 978-2-8062-5471-9
ISBN papier : 978-2-8062-5649-2
Dépôt légal : D/2015/12603/49
Photo de couverture : *Gandhi*, La photo reproduite est réputée libre de droits

Conception numérique : Primento,
le partenaire numérique des éditeurs